AF493398

TABLEAU STATISTIQUE

DE

L'ILE DE CUBA.

IMPRIMERIE DE J. SMITH, RUE MONTMORENCY, N° 16.

TABLEAU STATISTIQUE

DE

L'ILE DE CUBA

POUR LES ANNÉES 1825-1829;

PAR

ALEXANDRE DE HUMBOLDT.

SUPPLÉMENT

FAISANT SUITE A L'ESSAI POLITIQUE SUR L'ÎLE DE CUBA DU MÊME AUTEUR PUBLIÉ EN 1826.

PARIS:

GIDE FILS,

RUE SAINT-MARC-FEYDEAU, N° 20,

ET CHEZ LES LIBRAIRES DU PALAIS-ROYAL.

1831.

INTRODUCTION.

C'EST un objet d'un vif intérêt politique que de suivre l'accroissement progressif de la prospérité d'une des Grandes Antilles, dans laquelle les hommes libres forment encore trois cinquièmes de la population, et qui, par sa position géographique, par l'admirable fertilité de son sol et par l'intelligence de ses habitans, offre un vaste champ à la civilisation humaine. J'ai présenté dans mon *Essai politique sur l'Ile de Cuba* les élémens numériques de cette prospérité, telle qu'elle s'étoit développée jusqu'à la fin de l'année 1825. J'avois discuté, d'après mes propres observations et les documens officiels qui existoient alors, la situation géographique du pays, la configuration du sol, sa constitution géognostique, son climat, la division administrative, judiciaire et ecclésiastique, l'état général de la population considéré dans ses rapports avec l'étendue territoriale, la division des castes, les progrès simultanés de l'esclavage et de l'affranchissement, la nature des produits agricoles et leur estimation numérique, le commerce, les finances et la force militaire. Tandis que je m'occupois de cette étude des faits, le gouvernement espagnol, éclairé sur ses propres intérêts, fit poursuivre de son côté, sur les lieux mêmes, un travail statistique, entrepris dès l'année 1817, d'après les ordres du capitaine général de l'île de Cuba, Don Francisco Dionisio Vivès. Mécontent des notions vagues et incomplètes qu'on trouvoit réunies à la Havane, ce chef actif et expérimenté envoya, en 1825, aux frais de l'état, des commissions dans différentes parties de l'île, pour recueillir des documens statistiques. Le résumé de ce travail, puissamment secondé par un administrateur habile, l'intendant Don Claudio Martinez de Penillos Conde de Villanueva, a été publié à la Havane, sous le titre de *Cuadro estadistico de la siempre fiel Isla de Cuba, correspondiente al año de 1827, formado por una Comision de gefes y officiales de orden y bajo la direccion del Escelentisimo Señor Capitan General Don Francisco Dionisio Vives, precedido de una descripcion historica, fisica, geografica, y acompañada de quantas notas son conducentes para la ilustracion del cuadro*[1]. Les auteurs du nouveau Tableau Statistique ont refondu[2] dans leur ouvrage, comme ils l'énoncent eux-mêmes, une partie de mon *Essai politique*, publié à Paris à la fin de l'année 1826. Je dois les remercier de la bienveillance particulière

[1] Tableau Statistique de la très-fidèle île de Cuba pour l'année 1827, rédigé par une Commission administrative, d'après les ordres de M. le Capitaine général Don Francisco Dionisio Vivès, ouvrage précédé d'une description historique, physique et géographique et accompagné de notes explicatives du tableau. (A la Havane, 1829.)

[2] *Cuadro estad.*, *Introd.* et p. 56, 13, 14, 18, 25, 37.

avec laquelle ils ont traité mon travail, le « premier et le seul qui (selon eux) a fait connoître, avant 1829, les richesses territoriales de l'île de Cuba ». A l'époque où je fis paroître mon *Essai*, on n'avoit fixé, par aucun dénombrement postérieur à celui de 1817, la population de cette belle colonie; je l'évaluai, d'après des considérations générales, pour la fin de l'année 1825, à 715,000, dont 325,000 blancs. Le recensement de 1827, ordonné par le général Vivès, et publié dans le *Cuadro estadistico*, a donné 704,487, dont 311,051 blancs. Le premier devoir du voyageur est l'amour de l'exactitude des faits. Si le désir ardent de remonter aux sources, de démêler la vérité dans l'insuffisance des élémens de discussion, si l'éloignement pour les conjectures vagues et de vaines déclamations se manifestent dans ses ouvrages, le voyageur n'a point à redouter la critique de ceux qui, sur les lieux mêmes, sous des circonstances plus heureuses, étudient le sol natal. C'est à ce simple amour du vrai, à la candeur seule avec laquelle j'ai présenté les bases numériques des résultats auxquels j'ai cru pouvoir m'arrêter dans des discussions de science ou d'économie politique, que je peux seul attribuer les jugemens bienveillans que simultanément, dans deux pays divisés d'opinions, au Mexique et à l'île du Cuba, on a porté sur mes travaux statistiques. C'est, je l'avoue, une bonne fortune à laquelle il étoit difficile de s'attendre dans les temps orageux où nous vivons. Toujours intéressé à perfectionner mes travaux, je vais réunir succinctement dans ce *Supplément* les données les plus importantes qu'offre le Rapport officiel publié à la Havane; j'y ajouterai quelques réflexions que de nouveaux élémens numériques ont fait naître, et auxquelles conduit l'étude positive des faits. Je persiste à croire que les tableaux de la population des Antilles divisée par castes, n'ont besoin d'aucune interprétation. Tout l'avenir du Nouveau-Monde semble inscrit dans ces inventaires du genre humain; avenir funeste et alarmant si l'on hésite encore long-temps à prendre des mesures énergiques dans les colonies, si une législation humaine et de sages institutions ne conduisent pas à l'émancipation progressive des noirs.

Paris, Janvier 1831.

A. DE HUMBOLDT.

TABLEAU STATISTIQUE

DE

L'ILE DE CUBA.

Pour faciliter l'intelligence des données numériques qui présentent les progrès de la richesse territoriale dans cette métropole des Antilles, nous allons traiter séparément, dans ce Tableau, ce qui a rapport à la statistique générale de l'île de Cuba, et ce qui ne concerne que la topographie des trois grandes divisions de l'Est, du Centre et de l'Ouest. Les résultats se trouvent disposés de manière à offrir des comparaisons avec les années antérieures à 1825, sans avoir besoin de recourir aux volumes déjà publiés.

ÉTENDUE DE LA SURFACE.

L'aréa de l'île de Cuba atteint celle du Portugal, et à $\frac{1}{8}$ près l'aréa de l'Angleterre, sans le pays de Galles. D'après les cartes nouvelles construites[1] à la Havane, on a trouvé, en 1829, l'étendue de la surface en milles carrés :

Partie du gouvernement de la Havane qui s'étend depuis le cap Saint-Antoine jusqu'aux limites du gouvernement de Trinidad et la colonie Fernandine.	8,482 ½
Gouvernement de Matanzas. . .	439 ½
Colonie Fernandine.	22 ½
Gouvernement de la Trinidad.	6,182
Lieutenance de Puerto Principe.	5,293 ½
Gouvernement de Santiago de Cuba.	11,048
Ile de Cuba.	31,468
Iles et Cayes adjacentes.	1,339 ½
Total.	32,807 ½

Comme trois de ces milles forment une

[1] Ces cartes se fondent sur celles du Deposito hidrografico de Madrid, le Portulano de la Isla de Cuba, et sur mes propres observations astronomiques. *Cuadro estad.* p. 39.

lieue marine de 20 au degré, les 32,807 $\frac{1}{7}$ *millas cuadradas* équivalent à 3,645 lieues marines carrées. L'évaluation de l'île de Cuba seule (31,468 m. c.) n'est que de 25 lieues carrées plus grande que celle à laquelle je me suis arrêté, d'après les calculs de M. Bauza, dans l'*Essai politique*[1]. Il reste par conséquent bien prouvé, par des procédés graphiques qui se confirment réciproquement, qu'avant la publication de mon ouvrage on s'étoit trompé de plus de $\frac{1}{8}$ sur l'aréa de la plus plus grande des Antilles.

POPULATION.

Depuis la publication de l'*Essai politique sur l'île de Cuba*, la population a été déterminée par un dénombrement fait avec beaucoup plus de soin que les dénombremens précédens de 1775, 1791 et 1817. Le *censo* de 1827 s'est élevé à 704,487 âmes, et avec les garnisons, les équipages des vaisseaux et les étrangers sans domicile, à 730,562.

[1] Dans le nouveau calcul, on a compris les « bahias y ensenadas ». Parmi les îles adjacentes les plus grandes sont Isla de Pinos, 865 $\frac{1}{7}$ milles carrés; Cayo Romano, 172; Cayo Cruz, 59 m. c.

RÉSULTAT GÉNÉRAL DU DÉNOMBREMENT DE 1827.

	HOMMES.	FEMMES.	TOTAL.
Blancs..........	168,653	142,398	311,051
Libres de couleur..	51,962	54,532	106,494
Nègres et mulâtres esclaves.......	183,290	103,652	286,942
	403,905	300,582	704,487

Parmi les 106,494 libres de couleur, il y avoit :

	HOMMES.	FEMMES.	TOTAL.
Mulâtres libres....	28,058	29,456	57,514
Nègres libres.....	23,904	25,076	48,980
	51,962	54,532	106,494

En supposant exact le recensement de 1775, qui donnoit 170,862, on trouve qu'en cinquante-deux ans la population totale de l'île a quadruplé ; l'augmentation partielle auroit été

D'Hommes blancs. 114,098
De Femmes blanches. 101,534
De Mulâtres libres. 18,037

De Mulâtresses libres.	20,450
De Nègres libres.	17,945
De Négresses libres.	19,447
De Nègres et Mulâtres esclaves.	154,516
De Négresses et Mulâtresses esclaves.	88,090

La population de 1827 étoit divisée de la manière suivante :

DANS LES VILLES ET VILLAGES.

Blancs.	*Affranchis.*	*Esclaves.*
161,321	71,223	65,954

DANS LES PLANTATIONS (*haciendas y fincas*).

Blancs.	*Affranchis.*	*Esclaves.*
149,730	35,271	220,988

Les 220,988 esclaves répartis dans les champs, se trouvent à peu près au nombre de 70,000 dans les plantations de sucre, au nombre de 50,000 dans les *cafetales*. Plus de 100,000, la moitié de tous les noirs esclaves des champs, appartiennent à de petites plantations (*fincas menores*), à des cultures dispersées, où l'on ne produit que du maïs, des bananes et des fourrages. Ce dernier résultat, de même que l'accumulation d'un si grand nombre d'esclaves dans les villes, sont des objets d'un intérêt politique bien puissant dans un pays dont la population est composée de tant d'élémens hétérogènes. On ne connoît point les procédés suivis dans les opérations des quatre recensemens qui ont eu lieu depuis 1775, mais il n'est pas douteux que dans un pays dans lequel la civilisation a fait des progrès si rapides, le dénombrement de 1827 ne doive être le plus exact de tous. L'inégalité de précision dans les opérations antérieures, rend les comparaisons et l'évaluation des accroissemens progressifs de la population de 1775 à 1791, de 1791 à 1817, de 1817 à 1827 peu sûres. On ne peut admettre la probabilité des résultats de ces comparaisons de seize, vingt-six et de dix ans qu'entre de certaines limites des *maxima* et des *minima*. Il me paroît, par exemple, peu probable que le nombre des affranchis ou libres de couleur ait diminué, au lieu d'augmenter, de 1817 à 1827. Dans la première année le *censo* donna 114,057 pour une population totale[1] de l'île, de 551,998; le *censo* de 1827 n'admet d'affranchis (*pardos y morenos libres*) que 106,494 sur une population totale de 704,487; le rapport des affranchis à la population entière auroit par conséquent été réduit de 20 à 15 pour cent. Si les affranchis s'étoient multipliés, de 1817 à 1827, dans la même progression que les blancs, leur nombre auroit dû être en 1827 de 144,000. Il y a bien des raisons pour ne pas admettre cette égalité de progrès dans la population des blancs et des libres de couleur; mais le triste résultat de la diminution des derniers ne paroît aucunement probable dans un pays où la religion, les mœurs

[1] J'admets ici le chiffre de 551,998 qu'offre le *Cuadro estad.*, au lieu de 572,363 que donne le détail officiel du dénombrement de 1817, que je possède. En ajoutant 32,641 blancs (*transeuntes y de los buques*) et 25,976 nègres esclaves importés dans la même année 1817, le recensement de 1817 offre un résultat assez différent de celui du *Cuadro estad.*, savoir pour 1817: blancs, 290,021; libres de couleur, 115,691; esclaves, 225,261; total de l'île, 630,980. Tel étoit aussi le nombre auquel s'arrêta la *Deputacion Provincial* dans un mémoire présenté aux Cortès. J'ai discuté les *variantes lectiones* du recensement de 1817 (Tome I, p. 137-141 de l'*Essai politique*).

et la législation favorisent l'affranchissement. Les auteurs du *Rapport officiel* soupçonnent eux-mêmes des erreurs dans le recensement de 1817, non seulement par rapport à la proportion des sexes, mais aussi par rapport au nombre des affranchis [1]. La probabilité de ces erreurs augmente par le simple aspect du tableau qui présente *le mouvement de la population* de l'île en 1827.

CASTES.	NAISSANCES.	DÉCÈS.	INFLUENCE du mouvement sur la population de 1827.
Blancs	12,928	6,632	2,2 p. c.
Mulâtres libres	3,048	1,379	2,9
Noirs libres	1,778	1,573	0,4
Mulâtres et noirs libres	12,729	7,081	1,9
Total	30,483	16,665	1,9

Il ne faut pas oublier en discutant les progrès partiels des différentes classes dont se compose la population, que les accroissemens ou dé-

[1] *Cuadro est.*, p. 90, n° 2.

croissemens partiels ne sont pas seulement la suite du mouvement naturel, des rapports des naissances aux décès, mais qu'ils ont été modifiés par les émigrations fréquentes d'hommes blancs d'Europe, du Mexique et de Colombie à l'île de Cuba, par le passage (frauduleux) des mulâtres à peau peu basanée, à la classe des blancs, et par le commerce clandestin des esclaves africains [1].

[1] Plusieurs journaux d'Europe, très-estimables d'ailleurs (*Columbus*, 1827, *Februar*, p. 168-170. *Weimar*, *Geogr. Ephemer.*, Tom. XXI, p. 352), ont rapporté un prétendu recensement de l'île de Cuba, du 8 avril 1826, offrant les résultats suivans :

Blancs	518,998
Hommes de couleur libres	70,220
Esclaves	347,312
Total	936,330

Un coup d'œil jeté sur le recensement officiel de 1817, pouvoit faire deviner la fausseté de ces nouvelles évaluations. J'avois tâché de rendre très-probable, par des raisonnemens appuyés sur des faits, qu'en 1825 la population de l'île devoit être composée de

L'île de Cuba égale presqu'en surface l'aréa totale des autres Grandes et Petites Antilles. Si tout

Libres		450,000
Blancs	325,000	
Libres de couleur	130,000	
Esclaves		260,000
Total		715,000

Je présentois ces chiffres comme *nombres limites du minimum* (Tome I, p. 113, 144 de l'*Essai pol.*) et le recensement de 1827 que je n'ai appris à connoître que depuis mon séjour à Paris (en octobre 1830), m'a prouvé qu'à l'exception des libres de couleur, dont je devois exagérer le nombre à cause des erreurs du *censo* de 1817, mes conjectures se sont trouvées assez justes. Le dénombrement de 1827 donne, en ajoutant les 26,075 *transeuntes*, garnisons et équipages des navires :

Libres		443,620
Blancs	337,126	
Libres de couleur	106,494	
Esclaves		286,042
Total		730,562

La prospérité des cultures et du commerce, les émigrations du continent américain et espagnol et les armemens ont fait accroître la population de 1825 à 1827.

l'Archipel américain a près de 7,800 lieues marines carrées avec une population de 2,853,000, l'île de Cuba en occupe 3,600 lieues carrées avec une population de 730,600. Sur la moitié de l'aréa de l'Archipel, Cuba n'offre pas le quart de la population totale. Si l'île de Cuba avoit la *densité* de la population de la Jamaïque, elle présenteroit déjà 3 millions d'habitans; mais quel contraste dans la distribution actuelle des castes!

	ÎLE DE CUBA.	JAMAÏQUE.
Blancs.	$\frac{45}{100}$	$\frac{6}{100}$
Libres de couleur...	$\frac{15}{100}$	$\frac{9}{100}$
Esclaves..........	$\frac{40}{100}$	$\frac{85}{100}$

Les nègres de race pure forment aujourd'hui presque les deux tiers; les blancs forment un sixième de la population totale des Antilles; mais depuis l'émancipation de Saint-Domingue, c'est-à-dire depuis l'établissement d'une *colonie africaine* en Amérique, cet Archipel offre déjà (à côté de 1,170,000 esclaves) 1,200,000 libres de couleurs mulâtres et noirs, et 483,000 blancs, par conséquent $\frac{3}{5}$ d'hommes libres sur $\frac{2}{5}$ d'esclaves.

J'avois évalué, pour l'année 1825, la *popu-*

lation relative de l'île de Cuba, de 197 individus par lieue marine carrée. Le *Rapport officiel* la trouve, pour 1827, de 201 individus; mais la *densité* de la population est très-différente dans les parties occidentale, centrale et orientale de l'île. Cette division en trois *Departementos militares* est très-moderne. Voici les limites de chaque division :

Département de l'Ouest. Il comprend toute la partie occidentale de l'île, depuis le cap Saint-Antoine jusqu'à une ligne qui se dirige de l'embouchure de la petite rivière de Sierra Morena par San Felipe, Yaguaramas et le Rio Hanabana à la grande Cienega de Zapata, et au fond de l'Ensenada de Broa.

Département du Centre. Il s'étend de la limite orientale du département de l'Ouest jusqu'à une ligne qui se dirige de Nuevas-Grandes sur la côte septentrionale, vers l'embouchure du Rio Jobabo.

Département de l'Est. Il s'étend de la limite orientale du département du Centre, jusqu'à la pointe du Mayzi. La distribution de la population (sans les *transeuntes*) est consignée dans le tableau suivant :

DÉPARTEMENS.	LIEUES MARINES carrées.	POPULATION en 1827.	SUR UNE LIEUE marine carrée.
DÉP. DE L'OUEST .... (Havane, Matanzas, Pinal del Rio, San Felipe y Santiago, Bejucal, Jaruco, Santa Maria del Rosario, San Antonio Abad, Batabano, Guines).	849	408,537	481, dont 194 blancs, 54 affranchis, 233 esclaves.
DÉP. DU CENTRE......................... (Puerto Principe, Nuevitas, Trinidad, Santa Clara, Santo Espiritu, San Juan de los Remedios).	1420	164,497	115, dont 69 blancs, 17 affranchis, 29 esclaves.
DÉP. DE L'EST......................... (Santiago de Cuba, Bayamo, Guisa, Holguin, Baracoa, Jiguany).	1227	131,453	106, dont 38 blancs, 29 affr., 39 esclaves.
ILE DE CUBA.........................	3496	704,487	201, dont 89 blancs, 30 affranchis, 82 esclaves.

Dans le centre de l'île, les esclaves sont aux hommes libres dans le rapport de 1 à 3; dans l'est, comme 1 à $\frac{5}{10}$; dans l'ouest, dans la partie la plus cultivée, comme 1 à $\frac{7}{100}$.

CLASSES DE LA POPULATION.	DÉPARTEMENT de l'Ouest.	DÉPARTEMENT du Centre.	DÉPARTEMENT de l'Est.	ILE DE CUBA.
Blancs..................................	0,40	0,60	0,36	0,44
Libres de couleur.......................	0,11	0,15	0,27	0,15
Esclaves.................................	0,49	0,25	0,37	0,41
(La population totale est prise pour unité).	1,00	1,00	1,00	1,00

Si, au lieu de s'arrêter, comme dans le tableau qui précède, au résultat de 704,487, comme *population fixe* en 1827, on évalue la population totale à 730,562, en ajoutant 26,075 hommes blancs qui composent les équipages des navires et la garnison, on trouve pour toute l'île de Cuba :

Blancs.	0,46
Libres de couleur. . .	0,14
Esclaves.	0,39

Je m'étois arrêté [1], pour la distribution des castes, en 1825, aux rapports 0,46, 0,18 et 0,36.

AGRICULTURE.

Sucre. — J'ai publié, presque année par année, l'exportation du sucre par le port de la Havane, de 1786 à 1824. Elle a été

De 1760 à 1763, de. .	13,000 caisses.
De 1770 à 1778. . . .	50,000
De 1786 à 1796. . . .	80,095
De 1796 à 1800. . . .	134,750

[1] Tome I, p. 116, 117, de l'*Essai pol. sur Cuba*.

De 1800 à 1810. . . .	177,998 caisses.
De 1810 à 1820. . . .	207,696
De 1820 à 1825. . . .	250,384
En 1826.	271,013
En 1827.	264,954
En 1828	268,586
En 1829	260,857

Mais l'exportation du sucre par le port de la Havane n'offre plus une mesure exacte des progrès de l'industrie agricole, depuis que dans la proximité de la capitale la culture du sucre a fait place à d'autres genres de culture, et depuis que le commerce des autres ports (de Matanzas, Santiago de Cuba, Principe, ou plutôt Nuevitas, Trinidad, Holguin et Manzanillo) a si rapidement augmenté. L'exportation de tous les *puertos habilitados* de l'île a été, en 1827, de 5,878,924 arrobas de sucre; savoir:

Par la Havane.	3,974,165 arrobas.
Par Matanzas.	1,214,593
Par la Trinidad. . . .	414,453
Par Santiago de Cuba.	241,310
Par Nuevitas.	15,011
A reporter. . . .	5,859,532 arrobas.

Report. . . .	5,859,532 arrobas.
Par Holguin.	14,058
Par Manzanillo. . . .	4,832
Par Jagua	500
Total. . . .	5,878,922 arrobas[1].

Comme dans cette évaluation la caisse de sucre n'a été supposée que de 15 arrobas au lieu de 16, le *Rapport officiel* s'arrête, pour l'exportation totale de 1827, à 6,300,000 arrobas, ou 393,750 caisses de sucre[2]. Je l'ai évaluée, pour 1825 et les dix années qui précèdent, à une quantité moyenne de 305,000 caisses; et, avec la contrebande, à 380,000 caisses[3].

L'exportation de toute l'île de Cuba a été, en 1828,

De 5,967,066 arrobas de sucre.

[1] Sans compter 74,083 bocoyes de *miel de purga* et 2,457 pipas d'eau-de-vie de canne à sucre.

[2] Je rappelle qu'une caisse (*caja de azucar*) est égale, sans la tare, à 16 arrobas ou 183 kil.,904.

[3] Tome I, p. 201 de l'*Essai politique*.

De 2,606,739 arrobas de mélasse ou *miel de purga.*

2,664 pipas d'eau-de-vie de canne.

La consommation de sucre dans l'île de Cuba, que j'avois cru être, en 1825, au plus de 88,000 caisses [1], est évaluée aujourd'hui à 1,792,000 arrobas, ou 112,000 caisses (presque 20 millions de kilogrammes), sans compter 40,500 arrobas de *raspadura* [2]. C'est plus du quart de toute la quantité de sucre exportée. Lorsqu'on se rappelle que presque seule la population libre consomme du sucre à l'île de Cuba, on trouve avec surprise une consommation de 46 kilogrammes par tête [3], quand,

[1] *L. c.* p. 410. Dans le tableau (Tome I, p. 62 de l'*Essai politique*), je me suis arrêté à 60,000 caisses. *Cuadro estad.*, p. 28.

[2] La consommation intérieure de l'eau-de-vie de canne à sucre a été, en 1728, de 32,600 *pipas*.

[3] En supposant même que toute la population libre et esclave, au nombre de 730,562, consomme les 1,792,000 arrobas de sucre et les 40,500 arr. de *raspadura*, on trouve encore, pour l'année 1827, une consommation de 27 kilogr. par tête.

dans la Grande-Bretagne, on ne consomme que 9 4/5; en France, à peine 2 kilogrammes.

L'année 1775, il n'existoit dans l'île de Cuba que 473 sucreries (*yngenios*), dont le produit des récoltes s'élevoit à 1,300,000 arrobas; aujourd'hui le nombre des sucreries s'élève à 1000, dont

449	dans le département de l'Ouest.
246	du Centre.
305	de l'Est.
Total. 1000	

Le produit de la récolte des sucreries a été, en 1827, de 8,091,000 arrobas, ou 505,600 caisses. On pense qu'en 1832 le produit pourra atteindre 10 millions d'arrobas, ou 625,000 caisses, car plus de 200 nouvelles sucreries sont en construction, dont près de la moitié dans le voisinage de Matanzas.

CAFÉ. — L'exportation du café par le port de la Havane étoit, en 1804, à peine de 50,000 arrobas; mais

De 1815 à 1820, année moyenne. . . . . . . 727,418 arrobas.

De 1826.	1,221,609 arrobas.
De 1827.	1,433,487
De 1829.	1,130,671

Tous les ports de l'île de Cuba ont exporté en 1827, d'après les déclarations faites à la douane, plus de 2 millions d'arrobas de café; savoir :

Par la Havane.	1,433,487 arrobas.
Par Santiago de Cuba.	379,597
Par Matanzas.	178,958
Par Baracoa.	5,387
Par Trinidad.	4,154
Total.	2,001,683 arrobas.

Mais comme chaque sac de café renferme quelques arrobas de plus que les six arrobas déclarés à la douane, il faut ajouter à cette exportation 282,000 arrobas; de sorte que la véritable exportation de l'île a été, en 1827, de 2,283,000 arrobas; ce qui, comparé à une récolte de 2,883,000 arrobas, annonce une consommation intérieure de 600,000 arrobas. Le nombre total des plantations de café (*cafe-*

tales) s'éleva dans la même année à 2,067, dont, dans le

Département	de l'Ouest. . . .	1,207
	du Centre. . . .	135
	de l'Est.	725
	Total. . .	2,067

Quoique les plantations de café ne paient pas de dîmes, et qu'elles exigent beaucoup moins d'esclaves (il n'y en a que 50,000 dans 2,067 *cafetales*, et 70,000 dans 1000 plantations de canne à sucre), cette branche de l'industrie décroît sensiblement à cause de la concurrence des Grandes-Indes et à cause de l'extrême inégalité des récoltes [1]. Il y a dans ce moment une tendance dans l'île de Cuba de remplacer les cafiers par de la canne à sucre. Aussi, d'après les registres des douanes, l'exportation du café a sensiblement diminué, depuis 1827, dans les différens ports de l'île.

[1] Inégalité qui s'élève d'une année à l'autre, surtout dans les plaines, de 4 à 1, même de 6 à 1. *Voyez* le mémoire de Don Tranquillino Sandalio de Noa, dans les *Anales de Ciencias* de M. Ramon de la Sagra, 1829, n° 20, p. 226.

Voici le tableau de cette exportation, sans altérer le poids des sacs de café, d'après la supposition d'un contenu illicite. Nous venons de voir que l'exportation totale a été, en 1827, de plus de 2 millions d'arrobas; en 1828 et 1829, elle ne s'est élevée qu'à 1,284,000 et 1,736,000 arrobas.

PORTS *HABILITÉS.*	1828. (ARROBAS).	1829. (ARROBAS).
Havane	794,496	1,130,671
Santiago de Cuba	375,671	398,979
Matanzas	96,110	191,573
Trinidad	11,635	9,952
Baracoa	5,736	5,073
Jagua et Principe	440	9
Total	1,284,088	1,736,257

Le prix du café (indiqué par quintal espagnol de 45 kil. 9), qu'on a vu osciller à la Havane de 3 à 30 piastres, et qui en 1819 étoit encore de 17 piastres, est descendu, en 1829 et 1830, à 4 et 5 piastres. Mais aussi, d'après mes recherches, la quantité de café exporté de l'Archipel des Antilles par les seules voies licites, s'élève déjà à plus de 38 millions de kilogrammes. M. Ramon de la Sagra, dans un intéressant mémoire sur l'abaissement du prix des denrées coloniales, évalue, en 1828, l'importation du café en Europe à 3,267,000 quintaux espagnols (environ 150 millions de kilogrammes); l'importation du sucre, à 8,824,000 quintaux espagnols (environ 406 millions de kilogrammes), dont il croit que du café seulement 2,052,400 quintaux (94 ½ millions de kilogrammes), du sucre seulement 6,958,000 quintaux (320 millions de kilogrammes) ont été consommés en Europe, et que 1,215,000 quintaux de café et 1,866,000 quintaux de sucre sont restés accumulés dans les magasins [1]. Il résulteroit de ce calcul que l'Europe auroit reçu la moitié plus de sucre, et un quart plus

[1] Il seroit à désirer que l'auteur du mémoire cité (*Anales de Ciencias*, 1829, Tome III, p. 3) indiquât les sources dans lesquelles il a puisé les élémens de ses calculs tel que je l'ai fait dans mon travail sur la consommation du sucre en Europe. Je crois avoir prouvé minutieusement qu'en 1826 l'importation du sucre en Europe, a été de plus de 457 millions de kilogrammes. C'étoit un *nombre limite au minimum*. Voyez Tome II, p. 67 de l'*Essai politique*.

de café qu'exige la consommation intérieure de 208 millions d'habitans d'Europe.

Tabac. — Quoique les cantons qui produisent le tabac le plus aromatique soient placés à l'ouest de la Havane dans la *Vuelta de Abajo*, il y a cependant aussi à l'est de la capitale, dans le *Vuelta de Arriba* d'excellent tabac, sur les rives de Mayari, dans la province de Santiago de Cuba, à Himias, près de Puerto Principe, et à Hoyo de Manicaragua, près Villa-Clara. La récolte a été, en 1827, de 61,900 cargas, ou environ 500,000 arrobas, dont on a exporté 79,000. La culture de cette production précieuse de l'île est entièrement libre [1] depuis 1821. Le cultivateur ne paie que 6 pour cent de la valeur du tabac. Pour prouver combien cette branche de l'agriculture coloniale est importante, je n'ai qu'à rappeler que le prix du tabac exporté de l'île en 1828, a été de 644,000 piastres; en 1829, de 868,315 piastres, et pourtant dans ces évaluations on n'a admis que les prix très-bas de la *déclaration* des négocians dans les douanes.

[1] Le monopole royal du tabac (*el estanco*) a été aboli par le décret du 23 juin 1817; mais la *Factoria* n'a cessé qu'en juillet 1821.

NOMS DES PORTS.	1828.		1829.	
	EN FEUILLES ; arrobes	EN CIGARES ; livres.	EN FEUILLES ; arrobes.	EN CIGARES ; livres.
Havane	14,289	206,318	14,109	333,699
Cuba	34,960	990	80,861	3,971
Matanzas	592	603	896	2,525
Baracoa	1,805	348	3,611	....
Gibara	17,437	560	25,359	1,802
Manzanillo, Trinidad, etc	948	1,516	666	1,466
Total du tabac exporté	70,031	210,335	125,502	243,443
Valeur en piastres	223,528	420,670	391,124	477,189

Cire. — L'interruption du commerce avec le Mexique a nui beaucoup à cette branche de l'industrie coloniale. La Vera-Cruz a reçu, depuis 1800, plus de 25,000 arrobas de cire par an. L'exportation de la Havane qui, de 1805 à 1820, s'élevoit, année moyenne, à 21,000 arrobas, n'a été en 1826 que de 14,000, en 1827 que de 11,300; toute la récolte de la cire a été évaluée, en 1827, à 63,000 arrobas, dont l'île a exporté 22,400.

Les cultures du cacao, du coton et de l'indigo sont restées presque nulles; l'île n'a produit en 1827 que 60 arrobas d'indigo, à peine 38,000 arrobas de coton, et 521,000 arrobas de riz [1]. De même les récoltes du froment dans les juridictions de Villa-Clara, San Juan de los Remedios, et Santo Espiritu, ont offert dans ces dernières années si peu d'appât au cultivateur, qu'on ne les évaluoit, en 1827, qu'à 40 quintaux. C'est la culture du maïs qui est de la plus haute importance; on en estimoit le

[1] La consommation de l'île en riz est de plus d'un million d'arrobas, dont la moitié est importée des États-Unis. L'exportation totale du riz a été, en 1828, de 611,000 arrobas, en 1829, de 581,000 arrobas, ou d'une valeur de plus de 700,000 piastres

produit, en 1827, à plus de 1,600,000 fanugas (valeur de 3,200,000 piastres), et cependant on introduisoit encore pour la consommation intérieure 70,000 arrobas de maïs en grains, et 5,000 barils de farine de maïs. On pense assez généralement que les $\frac{6}{7}$ de la surface de l'île de Cuba sont encore sans culture.

COMMERCE ET FINANCES.

La Havane occupe depuis vingt ans une des premières places parmi les villes commerçantes du globe. Avec les progrès de l'industrie agricole et du commerce, les finances de l'île de Cuba, dont la prospérité est fondée en grande partie sur le système des douanes, ont acquis un accroissement considérable. Voici les valeurs des exportations et importations (en piastres fortes) de toutes les productions et des marchandises entrées ou sorties par les ports de la Havane, Santiago de Cuba, Principe, Matanzas, Trinidad, Baracoa, Gibara, Jagua et Manzanillo. Ce sont des évaluations officielles de la douane, et qui ne peuvent conduire par conséquent au véritable montant des soldes en espèces. Elles acquièrent cependant de l'importance, lorsqu'on se rappelle qu'obtenues par les mêmes procédés, elles offrent des élémens numériques comparatifs entre eux, et qu'elles manifestent les progrès du mouvement commercial.

ILE DE CUBA.	1827.	1828.	1829.
Importation............	17,352,854	19,554,922	18,695,856
Exportation............	14,286,192	13,114,362	13,952,405
Mouvement du commerce.	31,639,046	32,649,284	32,648,261

Cet immense commerce s'est fait par

Navires entrés dans les ports de l'île en 1827.... 1841
en 1828.... 1889
dont espagnols, en 1827.... 183
en 1828.... 279
Navires sortis des ports de l'île en 1827....... 1649
en 1828....... 1686
dont espagnols, en 1827....... 184
en 1828....... 304

On ne compte parmi ces navires employés

dans le commerce maritime, ni les vaisseaux de guerre ni les petites embarcations de *cabotage*. Le nombre des derniers s'élève, pour les besoins de la capitale, jusqu'à quatre mille ; le tonnage employé dans le commerce de l'île, est de 277,000 tonneaux (en ne comptant que les 1,889 navires entrés dans les ports *habilités*); les États-Unis de l'Amérique du Nord en occupent plus de la moitié. Le tableau suivant facilitera la comparaison de l'importance relative des différens états qui font le commerce avec l'île de Cuba.

PUISSANCES MARITIMES.	1828.		NOMBRE DES NAVIRES entrés dans les ports de l'île de Cuba.	1829.	
	IMPORTATION (en piastres).	EXPORTATION (en piastres).		IMPORTATION (en piastres).	EXPORTATION (en piastres).
États-Unis de l'Amérique du Nord.	6,599,000	3,177,000	1175	5,734,000	3,191,000
Espagne.	4,523,000	1,556,000	279	4,961,000	2,292,000
Villes anséatiques.	1,747,000	1,927,000	24	1,006,000	1,333,000
Grande-Bretagne.	1,770,000	1,612,000	206	1,838,000	1,729,000
France.	1,656,000	755,000	77	1,246,000	908,000
Pays-Bas.	335,000	882,000	33	341,000	1,073,000
Russie.	85,000	719,000	13	......	885,000
Italie.	114,000	225,000	7	59,000	296,000
Portugal.	160,000	12,000	1	56,000	7,000
Danemark.	69,000	28,000	32	88,000	14,000
Suède.	21,000	36,000	9	......	......

Parmi les importations pour la valeur de 19,555,000 et 18,696,000 piastres dans les différens ports de l'île du Cuba en 1828 et 1829, on a consigné, d'après les registres des douanes :

OBJETS PRINCIPAUX du COMMERCE D'IMPORTATION.	IMPORTATION en 1827, (évaluation en piastres).	IMPORTATION en 1828, (évaluation en piastres).	IMPORTATION en 1829, (évaluation en piastres).
Farines de céréales, riz, maïs et légumes secs.	2,921,939	3,471,475	3,546,924
Boissons [1] (vins, liqueurs, eau-de-vie, huiles).	1,219,580	1,518,318	1,403,283
Beurre, fromage, suif, chandelles..........	1,043,226	1,163,509	1,127,176
Viandes (tasajo [2], jambons)..............	1,052,003	837,676	1,075,447
Vivres divers (vaches, moutons, etc.)......	342,748	421,228	241,780
Morue, poissons secs ou salés..............	308,817	296,941	320,427
Fruits secs (figues, amandes, raisins, olives).	171,048	225,299	132,518
Épiceries..................................	91,626	58,957	102,996
Tissus [3] de coton........................	1,387,686	1,590,472	2,035,920
Tissus de lin (toiles).....................	2,508,625	2,486,287	1,598,325
Soieries...................................	666,860	585,919	471,223
Tissus de laine............................	402,080	360,340	309,734
Pelleteries, cuirs.........................	451,918	435,964	474,415
Bois étranger (ouvré ou en planches).......	543,919	653,827	624,421
Métaux, or et argent [4]...................	1,158,452	2,331,289	2,157,205

[1] En descomptant ce qui est réexporté, on trouve, pour consommation intérieure de l'île en boissons, au moins pour la valeur de 1,160,000 piastres par an, parmi lesquels 900,000 arrobes de vin rouge et blanc.

[2] On consomme dans l'île, surtout pour la nourriture des esclaves, au moins 400,000 arr. de *tasajo* (viande sèche un peu salée).

[3] Le Rapport officiel évalue la consommation intérieure de l'île, pour 1827, de 2 millions de piastres en toiles de lin; de 1,150,000 piastres en tissus de coton; de 366,000 p. en tissus de laine; de 560,000 p. de soierie, et de 105,000 rames de papier.

[4] L'exportation de l'or et de l'argent n'a été, en 1828, que de 986,265; et, en 1829, que de 913,539 piastres.

Lorsque je publiai l'*Essai politique sur l'île de Cuba*, on ne possédoit encore des données statistiques officielles que relativement au commerce de la Havane et de Matanzas. Il est vrai que ces deux ports, à en juger d'après les droits d'entrée payés à la douane, occupent $\frac{5}{6}$, à en juger d'après les droits de sortie, $\frac{9}{10}$ de tout le commerce de l'île : cependant, quelque fondée que pouvoit être une évaluation de l'importation et de l'exportation licite totale de cette riche colonie, on ne devoit la considérer que comme purement approximative. Depuis l'année 1826, l'intendant de l'île, le comte de Villanueva, a fait ajouter, par les soins de Don Raimundo Pascual Garrich, aux balances annuelles du commerce de la Havane une balance générale du commerce de tous les ports de l'île. Ces tableaux statistiques, rédigés d'après les registres officiels des douanes, sont plus instructifs que la plupart de ceux qui paroissent en Europe. Ils ne sont pas seulement indispensables pour diriger l'administration et pour ceux qui fondent l'examen de la société civile sur l'étude positive des faits, ils offrent aussi une grande utilité aux négocians qui, dans leurs relations commerciales avec les différens ports de l'île de Cuba, ne peuvent diriger leurs spéculations que d'après la connoissance spéciale des consommations partielles.

Un coup d'œil rapide, jeté sur le tableau qui précède, confirmera, je l'espère, ce que j'ai dit dans un autre endroit [1] sur la masse de substances nourrissantes que demande annuellement au commerce extérieur une population de moins d'un demi-million d'hommes libres placée sur le sol le plus fertile, et le plus capable, par son étendue, de nourrir une population pour le moins six fois plus considérable [2]. En ajoutant la valeur d'un million et demi de piastres de vins d'Europe, d'eaux-de-vie [3], et

[1] *Voyez* Tome XII, p. 34-45 de ma *Relat. hist.*

[2] Tome XII, p. 302 du même ouvrage.

[3] A mesure que le prix du sucre a baissé, on met plus de soin dans l'île à la fabrication du rhum. L'exportation des liqueurs étrangères diminuera non seulement en employant des appareils de distillation perfectionnés, mais aussi en tirant parti, à côté des mélasses, de la canne à sucre exprimée (*bagazo*) qui renferme encore une quantité considérable de substance sucrée et fermentable. Voyez Ramon de la Sagra, dans les *Anales de la Habana*, 1829, n° 20, p. 224. En 1827, toute l'île n'avoit encore que 300 alembics.

d'huile aux farines, au riz, à la viande et poisson salés, au beurre et aux fruits secs, on trouve, en comestibles, une importation annuelle de sept millions et demi de piastres. Comme les farines de froment sont un si grand objet de commerce pour l'île de Cuba, et qu'on peut juger bien mieux de leur consommation par l'indication des poids que par celle des *valeurs officielles* et *enregistrées*, nous allons consigner ici que l'importation dans toute l'île a été

en 1828. . . . . . . de 196,700 barils[1]
— 1829. . . . . . . — 204,200

Le seul port de la Havane en a reçu

en 1828. . . . . . . 133,400 barils.
— 1829. 139,500

Les farines importées dans les ports de Santiago de Cuba, de Matanzas et de Trinidad, s'élèvent à 30,000, 16,000 et 10,000 barils. Les importations de tissus, pour la valeur de cinq millions et demi de piastres, se composoient (en ne nommant que les objets les plus

[1] L'Espagne seule en a importé 101,300 barils.

importans des manufactures d'Europe), 1° en coton, de 92,500 pièces de *serazas*, de 122,000 douzaines de mouchoirs, de 87,000 pièces de mousseline; 2° en toiles, de 88,600 pièces de *platillas*, de 44,000 pièces de *listados*, de 68,000 pièces d'*estopillas*, de 27,700 pièces de *rusias*, etc.

A ces renseignemens sur le commerce de l'île de Cuba, nous ferons suivre un aperçu succinct du mouvement commercial de la capitale.

COMMERCE DE LA

COMMERCE NATIONAL.

A. IMPORTATION.

En navires espagnols	430,014 piastres.
En navires étrangers	3,504,022
Total.	3,934,036

B. EXPORTATION.

En navires espagnols	590,803 piastres.
En navires étrangers	643,052
Total.	1,233,855

Deposito :

Entrée.	1,545,121 piastres.
Consommation.	357,938
	1,903,059
Sortie	1,342,572
Reste	560,487

BALANCE GÉNÉRALE.

Importation nationale.	3,934,036 piastres.
Importation étrangère	9,970,300
Deposito d'entrée et de consommation.	1,903,059
Total.	15,807,395
Exportation nationale.	1,233,855
Exportation étrangère.	6,626,059
Deposito de sortie.	1,342,571
Total.	9,202,485

HAVANE EN 1828.

COMMERCE ÉTRANGER.

A. IMPORTATION.

En navires espagnols	242,058 piastres.
Des Villes anséatiques	1,584,108
Du Danemark	60,907
Des États-Unis	4,676,340
De France	1,405,418
D'Angleterre	1,441,445
D'Italie	28,631
Des Pays-Bas	276,760
Du Portugal	155,058
De Russie	85,616
De Suède	13,959
Total	9,970,300

B. EXPORTATION.

En navires espagnols	560,259
Des Villes anséatiques	1,345,129
Du Danemark	4,546
Des États-Unis	2,022,879
De France	506,643
D'Angleterre	1,081,170
D'Italie	108,270
Des Pays-Bas	587,985
Du Portugal	11,053
De Russie	381,920
De Suède	16,408
Total	6,626,059

Quoique le nombre des années qu'embrassent les tableaux statistiques publiés à la Havane ne soit point encore très-considérable, et que les influences d'événemens accidentels ne disparoissent qu'à mesure que les évaluations s'étendent sur un intervalle assez long pour produire des compensations, on observe pourtant dans les données qui précèdent, cette stabilité numérique ou ces accroissemens lents et progressifs qui caractérisent un état de commerce solidement fondé. Nous trouvons pour l'année 1829, pour la Havane :

Importation pour la valeur de....	14,925,400
Exportation..................	9,335,100
Mouvement de commerce.......	24,260,500

Le tableau suivant indique la part que les différentes nations ont eu à ce mouvement du commerce de la Havane :

PUISSANCES MARITIMES.	IMPORTATION. 1829 (piastres).	EXPORTATION. 1829 (piastres).
I. COMMERCE NATIONAL.		
En navires espagnols..........	930,397	890,964
En navires étrangers..........	3,097,590	688,427
II. COMMERCE ÉTRANGER.		
En navires espagnols..........	610,797	371,941
— américains.........	4,086,230	1,992,774
— françois...........	1,048,985	582,806
— anglois............	1,548,779	1,210,933
— anséatiques........	913,601	1,041,131
— des Pays-Bas......	289,758	508,744
— danois............	12,962	......
— portugais.........	56,144	6,678
— italiens..........	29,773	85,436
— russes............	......	496,335

Il résulte de ces données partielles que le commerce national s'est élevé, en 1829,

pour l'importation à 4,077,987 piastres.
— l'exportation à 1,579,391

Ce mouvement du commerce national de

5 ½ millions de piastres a été presque trois fois moindre que le mouvement du commerce étranger :

Valeur de l'importation étrangère. . . 8,597,013 piastres.
— de l'exportation étrangère. . . 6,296,781
Dépôt d'entrée et de consommation 2,250,413
Dépôt de sortie. 1,458,925

Des productions de l'île de Cuba, le seul port de la Havane a exporté en 1829,

3,912,855 arrobes de sucre.
31,460 *bocoyes* de mélasse (*miel de purga*).
3,487 pipes d'eau-de-vie (de canne à sucre).
1,130,671 arrobes de café.
233,700 livres en cigares (*tabaco torcido*).
14,109 arrobes de tabac en feuilles (*tabaco en rama*).

L'importation en comestibles a été dans la même année 1829, à la Havane, de 139,500 barils de farine; de 421,700 arrobes de riz; de 479,900 arrobes de tasajo ; de 200,000 arrobes de morue, etc.

J'ai fait voir, dans mon *Essai politique sur l'île de Cuba*, que, par l'accroissement de la richesse agricole et les progrès de la consommation intérieure, à la fin de l'année 1825, le revenu de l'île excédoit de beaucoup 5 millions de piastres. Les notions que nous avons acquises depuis cette époque, par des voies officielles, prouvent que cette évaluation, qu'on a taxée d'exagérée, étoit, comme la plupart des données statistiques que j'ai publiées, un *nombre limite au minimum*. Les différentes branches [1] du revenu public (ramos de Real Hacienda) se sont élevées, en 1827, presqu'à 8 ½ millions de piastres ; savoir :

[1] Ces branches sont : les douanes maritimes ; 6 pour cent de la vente des biens fonds (*fincas*), esclaves et animaux (j'emploie des expressions malheureusement sanctionnées par la législation des peuples civilisés de l'Europe !) ; 2 pour cent payés de la consommation intérieure ; 6 pour cent de la libre récolte du tabac ; impôts de boutiques (*tiendas*) ; vente du sel ; papier timbré ; dîmes ; ventes de terres et revenus de maisons appartenant à la *Real Hacienda*.

Intendance de la Havane	6,191,166 piastres.
de Santiago de Cuba..	912,319
de Puerto Principe..	755,876
Subdélégation de Matanzas.	604,613
Total.	8,469,974 piastres.

En s'arrêtant au produit seul des douanes, on trouve, pour l'année 1828, dans les différens ports de l'île de Cuba :

NOMS DES PORTS.	TONNAGE d'entrée.	DROITS d'importation (piastres).	TONNAGE de sortie.	DROITS d'exportation (piastres).
Havane	169,889	3,089,380	136,259	721,712
Santiago de Cuba	35,376	362,955	32,209	87,278
Puerto Principe	4,285	39,082	3,479	8,198
Matanzas	35,523	305,020	30,151	207,444
Trinidad	18,291	297,725	17,616	76,624
Baracoa	1,267	10,025	917	1,466
Gibara	1,869	10,587	1,272	3,055
Jagua	2,454	25,556	1,929	2,435
Manzanillo	8,112	54,165	5,996	6,429
Total	277,066	4,194,495	229,830	1,114,641

Il résulte de ce tableau que les douanes de l'île entière ont perçu, en 1828,

pour l'importation. .	4,194,495	piastres.
— l'exportation. .	1,114,641	
Total des droits.	5,309,136	

DROITS PERÇUS DANS LES DOUANES DE L'ÎLE DE CUBA EN 1829.

PORTS.	TONNAGE des navires entrés.	DROITS sur l'importation (piastres).	TONNAGE des navires sortis.	DROITS sur l'exportation (piastres).
Havane	153,834	2,989,418	144,487	745,410
Santiago de Cuba	31,734	301,842	24,876	108,050
Puerto Principe	5,279	45,313	5,136	9,177
Matanzas	31,531	316,310	29,770	291,193
Trinidad	18,885	212,526	17,009	84,727
Baracoa	1,431	7,696	1,100	1,611
Gibara	2,139	8,525	2,022	5,114
Jagua	1,426	31,612	1,468	,705
Manzanillo	3,194	25,354	2,882	7,384
Total	249,253	3,938,596	228,750	1,255,371

La somme totale des droits perçus dans les douanes de l'île entière a donc été, en 1829, de 5,193,967 piastres. Pour pouvoir juger du revenu général de l'île de Cuba, dans les deux dernières années de 1828 et 1829, il faut ajouter aux droits maritimes (ceux des douanes dans les ports) les *ventas territoriales*. Il résultera de l'aperçu suivant que le revenu général qui, en 1827, n'étoit évalué, dans le *Cuadro estadistico*, publié par ordre de M. le capitaine général Vivès, qu'à 8 ½ millions de piastres, s'élevoit, en 1828, à 9,086,406 piastres; en 1829, à 9,142,610 piastres.

En 1828 :

Rentas maritimas....	5,309,136 piastres.
Rentas territoriales. .	3,777,270
Revenu total....	9,086,406

En 1829 :

Rentas maritimas....	5,193,967 piastres.
Rentas territoriales. .	3,948,643
Total..........	9,142,610

On peut être surpris de ce résultat dont

l'exactitude n'est pas douteuse, lorsqu'on se rappelle que le revenu de l'île de Cuba appartient à un territoire habité par une population de 730,000 habitans, et dont $\frac{2}{5}$ vivent dans la plus affreuse misère, et que ce revenu est supérieur au revenu actuel de la République de Colombia [1], dont l'*uréa* du territoire est

[1] Un homme d'état, M. Restrepo, alors ministre de l'intérieur de la République de Colombia, évalue, pour l'année 1824, le revenu total de son pays à 8,446,000 piastres. Dans ce *budjet* sont compris :

Les douanes avec	3,902,500 piastres.
Le tabac.	908,000
La contribution directe....	420,000
Les dîmes..............	428,000

Historia de la Revolucion de Colombia, 1827, Tome I, p. 273. Quant à l'état politique des pays qui composent aujourd'hui la République de Colombia, M. Restrepo, muni sans doute de plus de documens officiels que moi, s'arrête, pour le commencement du 19e siècle, à des résultats qui ne diffèrent pas beaucoup de ceux que j'ai présentés. J'avois estimé le revenu public, *au maximum*, à 6 $\frac{1}{2}$ millions de piastres (*Voy.* T. IX, p. 402, *Rel. hist.*). M. Restrepo l'estime à 5,323,000 piastres, dont Venezuela donnoit 2,279,000 piastres; Nueva Granada, 2,455,000 piastres; Quito, vingt-cinq fois, la population quatre fois plus grande.

Lorsque la monarchie espagnole se trouvera

591,000 piastres (*Hist. de la Revol.*, Tome I, p. 271). J'ai évalué la population de Colombia à 2,785,000 (Tome IX, p. 157, 164, 171; Tome XI, p. 162-165). M. Restrepo s'arrête (Tom. I, p. 216), pour 1810, à 2,900,000. Le tableau suivant présente la distribution numérique des races telle qu'il la suppose, mais sans donner les fondemens de ses évaluations.

CASTES.	VENEZUELA.	NUEVA GRANADA.	QUITO.	TOTAL de Colombia.
Blancs..........	200,000	877,000	157,000	1,234,000
Indiens..........	207,000	313,000	393,000	913,000
Libres de couleur..	433,000	140,000	42,000	615,000
Esclaves.........	60,000	70,000	8,000	138,000
Total........	900,000	1,400,000	600,000	2,900,000

Il ne faut point être surpris que ce tableau, composé du temps de la *République*, renferme un nombre de blancs bien plus considérable que les tableaux formés du temps de la domination espagnole, les hommes de couleur trouvant aujourd'hui la plus grande facilité de se *blanchir* (*blanquearse*) sans décret de l'*Audiencia*.

en paix avec l'Amérique espagnole libre du Continent, une partie considérable de ce revenu de neuf millions de piastres pourra être employée pour augmenter l'industrie et la prospérité intérieure de l'île, pour améliorer progressivement le sort des noirs. Aujourd'hui le tableau des caisses publiques (*Caxas matrices*) indique un nombre considérable de dépenses qui sont les suites de la révolution dans les colonies et de la continuation des armemens. En 1828 et 1829, on trouve, sur un total de dépenses publiques, à la Havane seule, 6,335,000 et 6,620,000 piastres, dont :

EMPLOI DES FONDS PUBLICS.	1828.	1829.
Dépenses d'administration intérieure de l'île de Cuba......	3,411,706	4,243,608
Envois à la Péninsule........	840,063	550,357
Dépenses de la marine......	1,708,838	1,479,334
Solde, pensions et gratifications des employés militaires et civils de la côte ferme du Mexique et des Florides....	374,122	346,704
Dépense totale des *Caxas matrices* de la Havane........	6,334,729	6,620,003

Dans le port de la Havane, les droits maritimes (*aduanas*) se sont élevés, en 1828, à 3,811,000 piastres; en 1829, à 3,735,000 piastres [1]. Ils forment par conséquent plus de $\frac{5}{7}$ de tous les revenus des douanes de l'île.

Département de l'Ouest.

Etendue, des 21° 39′ aux 23° 12′ 45″ de

[1] Aussi dans la belle île de Portorico, l'état des finances s'est amélioré d'une manière très-remarquable dans les dernières années. Le revenu de l'île n'étoit, en 1823, que de 362,000 piastres; en 1828, les *rentas* se sont élevées à 691,800 piastres. Dans la même année, d'après un rapport officiel, l'île avoit une population de 284,900, dont seulement 28,400 esclaves; près de 162,000 blancs, et 92,000 hommes de couleur libres. *Les libres étoient par conséquent aux esclaves dans le rapport de* 9 à 1, tandis qu'à l'île de Cuba, le rapport est de $1\frac{1}{2}$ à 1; et à la Jamaïque, de 1 à $5\frac{5}{5}$. Dans le recensement des blancs (123,982 *blancos y* 38,906 *agrigados casi todos de la misma clase de blancos*) 3,500 individus de la garnison et des équipages des navires ne sont pas compris. Le produit des sucreries (*yngenios*) n'a été, en 1829, que 365,000 quintaux de sucre terré et de 3,118,000 cuartillos de rhum (*Anales de Ciencias, Habana*, 1830, n° 31, p. 214).

lat. et des 80° 2′ 57″ aux 87° 16′ 52″ de longitude occidentale de Paris [1]. Ports sur la côte septentrionale : Bahia Honda, Havane, Matanzas, Cabañas et Mariel; sur la côte méridionale, les *fundeaderos* des petits golfes de Corrientes et de Cortès.

HAVANE. Lorsqu'on se rappelle que le dénombrement de 1810 offre déjà une population [2] de 96,304 ames, sans y comprendre les étrangers non domiciliés (*transeuntes*) et la garnison, on peut être surpris de voir que le

[1] Je ne fais dans ce supplément à la statistique de l'île de Cuba, aucun changement aux positions astronomiques que le *Cuadro estadistico* adopte pour les limites des Départemens. D'après mes observations, l'extrémité occidentale du Département de l'Ouest, le Cabo San Antonio, est par 87° 17′ 22″. Si le *Morro* de la Havane se trouve par 84° 43′ 7″,5 et Cumana (Castillo de San Antonio) par 66° 30′ 0″, je place, avec M. Oltmanns, la Havane 56″,5 en arc plus à l'ouest que les marins espagnols qui ont travaillé au *Cuadro estadistico*. Je n'ai, dans les positions qui suivent, pas tenu compte de cette petite différence.

[2] *Voyez* Tome I, p. 27 de l'*Essai pol.* La ville de Mexico comptoit, en 1820, plus de 170,000 ames.

Rapport officiel de 1827 n'évalue la population qu'à 94,000, et, avec les *transeuntes*, mais sans la garnison, qu'à 112,000. Des 94,000 domiciliés, il y avoit, selon cette évaluation, qui me paroît un *nombre limite au minimum*: 39,980 dans l'enceinte de la ville, et 54,043 dans les faubourgs (*estramuros*):

POPULATION DE LA HAVANE.

DIVISIONS.	BLANCS.	MULATRES		NÈGRES		TOTAL de la POPULATION.
		LIBRES.	ESCLAVES.	LIBRES.	ESCLAVES.	
Cité *intramuros*.......	19,190	3,331	680	4,517	12,262	39,980
Faubourgs :						
La Salud...........	6,620	2,014	110	3,945	2,906	15,595
Jesus Maria..........	6,545	1,218	51	4,996	2,203	15,013
San Lazaro..........	6,034	626	51	794	2,335	9,846
Horcon..............	2,171	485	22	422	609	3,709
Cerro...............	1,241	96	10	68	1,001	2,416
Regla...............	3,758	333	69	464	1,069	5,693
Casa blanca.........	498	58	3	5	348	912
Hôpitaux, *presidios*, etc.	564	54	8	136	97	859
Havane.............	46,621	8,215	1,010	15,347	22,830	94,023

La capitale renferme par conséquent, sans compter la garnison et 18,000 individus (libres) non domiciliés, sur 94,000 ames :

Hommes libres....................		70,200
Blancs.............	46,600	
Libres de couleur....	23,600	
Esclaves........................		23,800
Total..............		94,000

On trouve, en nous arrêtant à des rapports plus faciles à saisir, que, dans la capitale, le nombre des esclaves est relativement beaucoup plus petit, et le nombre des libres de couleur beaucoup plus grand que dans l'île entière.

	ÎLE ENTIÈRE.	CAPITALE.
Blancs..........	0,44	0,50
Libres de couleur.	0,15	0,25
Esclaves........	0,41	0,25
Total......	1,00	1,00

Le nombre des hommes libres est à la Havane, à celui des esclaves, comme 3 à 1 ; et, si l'on ajoute la garnison et les étrangers non domiciliés (*transeuntes*), probablement dans le rapport de 4 à 1.

Les belles observations météorologiques faites depuis l'année 1825, au jardin botanique de la Havane, par M. Ramon de la Sagra, ont répandu un nouveau jour sur le climat d'un point du globe, d'autant plus important qu'il est placé presque sur la limite de la zone équinoxiale. Les résultats obtenus depuis les dernières cinq années, confirment en général et d'une manière très-remarquable ceux que j'avois tirés [1] des observations de MM. Ferrer et Robredo, faites à la Havane et à Ubajay, de 1796 à 1800, et de 1810 à 1812. Pour mieux développer l'ensemble des phénomènes climatériques, je vais offrir ici, pour une même année [2], l'ensemble des variations thermométriques, barométriques et hygrométriques.

[1] Tome I, p. 71-99, *Essai pol.*

[2] *Anales de Ciencias, Habana*, 1830, n°31, p. 202-209. On peut regretter de trouver dans ces tableaux thermométriques, si fréquemment des indications de degrés sans fractions. Aussi les hauteurs barométriques ne présentent qu'imparfaitement les maxima et minima des variations diurnes. Les vraies époques sont $3^{h}\frac{1}{2}$ à 4^{h} après midi, et 10^{h} à 11^{h} du soir. *Voyez* Tome X, p. 460, *Relat. hist.*

MOIS de l'année 1829 (Havane).	THERMOMÈTRE CENTÉSIMAL.					BAROMÈTRE.			PLUIE TOMBÉE.		HUMIDITÉ MOYENNE (Hygr. à cheveu).
	Température moyenne des mois.	Maxima moyens des mois.	Minima moyens des mois.	VARIATIONS EXTRÊMES dans chaque mois.		MESURE ANGLOISE, (pouces et fractions.).					
				Maxima.	Minima.	9^h du matin.	2^h après midi.	9^h du soir.	pouces.	lignes.	
Janvier..	21°,7	24°,0	19°,1	27,9	13,0	29,95	29,76	29,92	1	1	87
Février..	22,7	25,2	18,2	27,8	13,0	29,78	29,72	29,80	0	11	85
Mars....	23,0	25,2	19,1	28,3	13,3	29,87	29,72	29,85	1	10	80
Avril....	24,6	26,8	22,5	28,6	21,0	29,80	29,76	29,79	1	8	80
Mai.....	25,2	27,8	22,6	29,6	20,2	29,70	29,62	29,74	10	0	89
Juin....	26,2	29,2	25,0	30,6	24,0	29,75	29,65	29,74	6	4	87
Juillet ..	27,0	29,6	23,7	30,5	24,0	29,80	29,72	29,82	7	0	94
Août....	26,5	28,9	25,0	30,5	25,0	29,75	29,67	29,74	2	11	90
Sept....	26,0	28,5	23,5	30,8	23,0	29,72	29,58	29,70	2	3	89
Octobre.	25,0	27,7	21,5	29,2	20,5	29,64	29,62	29,62	6	3	88
Novemb.	23,0	25,0	21,0	27,0	18,0	29,75	29,69	29,70	7	7	88
Décemb.	24,0	24,7	18,3	26,4	14,0	29,77	29,70	29,74	0	10	90
	24,6	26,8	21 6	26,9	19,0	29,7	29,68	29,76	48	8	87,2

Le Département de l'Ouest renferme six Ciudades :

La Havane.
San Carlos de Matanzas (population 11,300, dont 3100 esclaves et 2000 libres de couleur).
Santiago.
Bejucal.
Jaruco.
Santa Maria del Rosario.

Trois Villas :

Guanabacoa (population 9100, dont 2200 esclaves et 1800 libres de couleur).
Guines (population 3000).
San Antonio de Abad (population 2500).

On a compté, en 1827, dans ce département, 449 plantations de canne à sucre; 1207 plantations de cafier; 400,000 bœufs et vaches; 80,000 chevaux; 10,000 mulets, et 26,000 chèvres et brebis. L'île des Pinos, qui appartient au Département de l'Ouest, est restée presque entièrement dépeuplée : on y compte à peine 200 habitans. Récemment, sur les rives du Rio de Casas, on a établi une petite colonie sous la dénomination de Nueva Gerona ou de Reina Amalia.

Département du Centre.

Entre les 20° 37′ et 22° 55′ de latitude, et les 79° 13′ et 84° 32′ de longitude, limite orientale, une ligne qui s'étend du port de Nuevas Grandes à l'embouchure du Rio Jobabo.

Trois Ciudades :

Santa Maria de Puerto Principe, capitale du Département du Centre (population 49,100), dont 9900 esclaves et 6200 libres de couleur, 33,000 blancs).

Trinidad de Cuba (population 12,500, dont 2900 esclaves et 4000 libres de couleur).

Fernandina de Tagua, fondée en 1819.

Trois Villas :

Santa Clara (population 8500, dont 1700 esclaves et 2300 libres de couleur).

Santo Espiritu (population 10,800, dont 2200 esclaves et 2800 libres de couleur).

San Juan de los Remedios (population 5200, dont 900 esclaves et 1400 libres de couleur).

On a compté, en 1827, dans ce Département qui renferme, autour de la Villa de Santo Espiritu, les terrains les plus fertiles de toute l'île de Cuba, 246 plantations de canne à sucre (*yngenios y tropiches*) et 135 *cafetales*. Le bétail s'est élevé à 605,000 bœufs et vaches; 88,000 chevaux; 4400 mulets et 7200 chèvres et brebis.

Département de l'Est.

Entre les 20° 13′ et 21° 28′ de latitude, et les 76° 23′ et 80° 2′ de longitude. On compte dans ce Département montagneux de l'Est, trois Ciudades :

Santiago de Cuba, avec une population de 26,000 ames, dont 7,400 esclaves et 10,000 libres de couleur.

San Isidoro de Holguin et *Nuestra Señora de la Asumpcion de Baracoa* (population 2800).

Deux Villas :

Nuestra Señora de la Caridad de Cobre.

Bayamo (population 7500, dont 1500 esclaves et 3200 libres de couleur).

Plantations de canne à sucre, 305; *cafetales*, 725. Bétail: vaches et bœufs, 195,000; chevaux, 38,000; mulets, 4700; chèvres et brebis, 12,300. J'ai consigné ce dénombrement, correspondant à l'année 1827, parce qu'il caractérise l'économie rurale d'un pays situé sous la zone torride.

Je n'ai pas fait usage, dans ce supplément à mon Essai politique sur l'île de Cuba, des *Letters written in the Interior of Cuba in February and May* 1828, *by the late Rev. Abiel Abbot*, ouvrage composé par un ecclésiastique de Massachussets, et imprimé à Boston. L'auteur, entièrement dépourvu de critique, connoît le recensement de la population de 1817, et n'en admet pas moins naïvement une population totale d'un million d'habitans, dont une moitié libre et l'autre esclave! Il compare avec plus de justice l'état des nègres de Cuba et des états méridionaux de l'Amérique du Nord dans lesquels une législation atroce trouve d'officieux défenseurs parmi des hommes blancs qui se croient les plus avancés en civilisation. (Voyez *The Southern Review*, *Nov.* 1829, *Charlestown*, p. 353, 358, 365, 367.)

Suivent les Tableaux 1, 2, 3 et 4.

N° I.

POPULATION DE L'ILE DE CUBA D'APRÈS LE DÉNOMBREMENT DE 1827.

DÉPARTEMENS.	BLANCS.							MULATRES LIBRES.							NOIRS LIBRES.							MULATRES ET NOIRS ESCLAVES.							TOTAL DE LA POPULATION DE L'ILE DE CUBA.
	HOMMES.			FEMMES.			TOTAL des blancs.	HOMMES.			FEMMES.			TOTAL des mulatres libres.	HOMMES.			FEMMES.			TOTAL des noirs libres.	HOMMES.			FEMMES.			TOTAL des mulatres et des noirs esclaves.	
	De 1 à 15 ans.	Au-delà de 15 ans.	TOTAL des hommes.	De 1 à 12 ans.	Au-delà de 12 ans.	TOTAL des femmes.		De 1 à 15 ans.	Au-delà de 15 ans.	TOTAL des hommes.	De 1 à 12 ans.	Au-delà de 12 ans.	TOTAL des femmes.		De 1 à 15 ans.	Au-delà de 15 ans.	TOTAL des hommes.	De 1 à 12 ans.	Au-delà de 12 ans.	TOTAL des femmes.		De 1 à 15 ans.	Au-delà de 15 ans.	TOTAL des hommes.	De 1 à 12 ans.	Au-delà de 12 ans.	TOTAL des femmes.		
Département de l'Ouest..........	31294	58232	89526	23117	52415	75532	165058	3110	5121	8231	3340	6596	9936	18167	4006	8998	13004	3416	11477	14893	27897	23615	101773	125388	15227	56800	72027	197415	408537
Département du Centre..........	21047	32400	53447	17331	27425	44776	98223	3637	4593	8230	3254	3566	6820	15050	2179	2887	5066	1710	2420	4130	9196	3910	24488	28398	2332	11298	13630	42028	164497
Département de l'Est..........	9814	15866	25680	8528	13562	22090	47770	5210	6387	11597	3888	8812	12700	24297	2217	3617	5834	2285	3770	6053	11887	3360	26144	29504	3407	14588	17995	47499	131453
Total de la population permanente de l'île de Cuba..............	62155	106498	168653	48996	93402	142398	311051	11957	16101	28058	10482	18974	29456	57514	8402	15502	23904	7409	17667	25076	48980	30885	152405	183290	20966	82686	103652	286942	704487

En ajoutant au résultat de 704,487 les militaires et les équipages des bâtimens, formant 26,075 individus, on trouve le total de la population fixe et mobile de l'île de Cuba, de... 730,562 âmes.

COMPARAISON DES DÉNOMBREMENS DE L'ILE DE CUBA EN 1817 ET 1827; EFFET DU MOUVEMENT DE LA POPULATION.

	BLANCS.			MULATRES LIBRES.			NOIRS LIBRES.			MULATRES ET NOIRS ESCLAVES.			TOTAL général.
	Hommes.	Femmes.	Total.	Hommes.	Femmes.	Total.	Hommes.	Femmes.	Total.	Hommes.	Femmes.	Total.	
Résultat du dénombrement de 1817........	129656	109140	238796	30512	29170	59682	28373	26002	54375	124324	74821	199145	551998
Résultat du dénombrement de 1827........	168653	142398	311051	28058	29456	57514	23904	25076	48980	183290	103652	286942	704487
Différence......	38997 Augment.	33258 Augment.	72255 Augment.	2454 Diminut.	286 Augment.	2168 Diminut.	4469 Diminut.	926 Diminut.	5395 Diminut.	58966 Augment.	28831 Augment.	87797 Augment.	152489 Augment.

MOUVEMENT DE LA POPULATION DE L'ILE DE CUBA EN 1827; NAISSANCES, MARIAGES ET DÉCÈS.

DÉPARTEMENS.	BLANCS.			MULATRES LIBRES.			NOIRS LIBRES.			MULATRES ET NOIRS ESCLAVES.			TOTAL GÉNÉRAL.		
	Naiss.	Mariages.	Décès.	Naiss.	Mariages.	Décès.	Naiss.	Mariages.	Décès.	Naiss.	Mariages.	Décès.	Naiss.	Mariages.	Décès.
Département de l'Ouest...	7254	1156	4044	786	62	504	1101	85	1143	9344	1221	5491	18485	2524	11182
Département du Centre...	5559	456	1569	768	44	327	421	25	188	1243	110	486	7991	635	2570
Département de l'Est.....	2115	256	1019	1494	138	548	256	31	242	2142	50	1104	6007	475	2913
Total............	14928	1868	6632	3048	244	1379	1778	141	1573	12729	1381	7081	30481	3634	16665

POPULATION DU DÉPARTEMENT OCCIDENTAL DE L'ILE DE CUBA, D'APRÈS LE DÉNOMBREMENT DE 1827.

VILLES ET FONDS RURAUX.	BLANCS. Hommes. De 1 à 15 ans.	Au delà de 15 ans.	Total des hommes.	Femmes. De 1 à 12 ans.	Au delà de 12 ans.	Total des femmes.	Total des blancs.	MULATRES LIBRES. Hommes. De 1 à 15 ans.	Au delà de 15 ans.	Total des hommes.	Femmes. De 1 à 12 ans.	Au delà de 12 ans.	Total des femmes.	Total des mulâtres libres.
…udad de S. Cristobal de la Havane, en y comprenant faubourgs (*barrios extramuros*) et 43 cantons ruraux …*artidos rurales*) renfermant 42 villages et 24 hameaux …*deas*)	17662	35015	52677	13040	30954	43994	96671	1729	3036	4765	2256	4101	6357	11122
…ouvernement de la *ciudad* de S. Carlos de Matanzas, …i renferme une *ciudad*, 7 villages et 2 hameaux	3085	5909	8994	2377	5300	7677	16671	234	336	570	198	467	665	1235
…ienance (*tenencia de gobierno*) de Pinal del Rio, avec …*partidos rurales* qui renferment 8 villages et 7 *aldeas*	2130	3313	5443	1415	2821	4236	9679	600	947	1547	456	1025	1461	3008
…udad de Santiago, avec ses 10 *partidos rurales*, renfer…ant 9 villages et 7 *aldeas*	3002	4924	7926	2304	4367	6671	14597	155	242	397	110	197	307	704
…udad de S. Felipe y Santiago del Bejucal, sans les *par…dos rurales*	478	690	1168	257	719	976	2144	43	57	100	32	73	105	205
…udad de S. Juan de Jaruco, sans les *partidos rurales*	332	577	909	234	630	864	1773	23	33	56	21	39	60	116
…udad de Sta. Maria del Rosario, sans les *partidos rurales*	530	756	1286	389	679	1068	2354	17	23	40	14	26	40	80
…illa de Guanabacoa, avec 2 *partidos rurales* renfermant …villages	1458	2595	4053	1133	2839	3972	8025	187	267	454	151	407	558	1002
…illa de S. Julian de los Guines, avec 3 *partidos rurales* …i renferment 3 villages	1549	2827	4376	1068	2402	3470	7846	63	92	155	52	106	158	313
…illa de S. Antonio Abad, avec 2 villages	1068	1626	2694	900	1704	2604	5298	59	88	147	70	155	225	372
Total de la population fixe	31294	58232	89526	23117	52415	75532	165058	3110	5121	8231	3340	6590	9930	18167

VILLES ET FONDS RURAUX.	NOIRS LIBRES. Hommes. De 1 à 15 ans.	Au delà de 15 ans.	Total des hommes.	Femmes. De 1 à 12 ans.	Au delà de 12 ans.	Total des femmes.	Total des noirs libres.	MULATRES ET NOIRS ESCLAVES. Hommes. De 1 à 15 ans.	Au delà de 15 ans.	Total des hommes.	Femmes. De 1 à 12 ans.	Au delà de 12 ans.	Total des femmes.	Total des mulâtres et des noirs esclaves.	TOTAL DE LA POPULATION DU DÉPARTEMENT DE L'OUEST.
…udad de S. Cristobal de la Havane, en y comprenant faubourgs (*barrios extramuros*) et 43 cantons ruraux …*artidos rurales*) renfermant 42 villages et 24 hameaux …*deas*)	2818	6452	9270	2574	8656	11230	20500	13518	55654	69172	8927	31436	40363	109535	237828
…ouvernement de la *ciudad* de S. Carlos de Matanzas, …i renferme une *ciudad*, 7 villages et 2 hameaux	234	397	631	176	560	736	1367	2469	14299	16768	2056	7698	9754	26522	45795
…ienance (*tenencia de gobierno*) de Pinal del Rio, avec …*partidos rurales* qui renferment 8 villages et 7 *aldeas*	229	572	801	163	431	594	1395	588	3079	3667	468	969	1437	5104	19186
…udad de Santiago, avec ses 10 *partidos rurales*, renfer…ant 9 villages et 7 *aldeas*	265	618	883	180	576	756	1639	3305	16386	19691	1857	9491	11348	31039	47979
…udad de S. Felipe y Santiago del Bejucal, sans les *par…dos rurales*	74	124	198	28	88	116	314	229	705	934	161	377	538	1472	4135
…udad de S. Juan de Jaruco, sans les *partidos rurales*	31	67	98	25	58	83	181	121	454	575	77	275	352	927	2997
…udad de Sta. Maria del Rosario, sans les *partidos rurales*	20	36	56	12	48	60	116	190	612	802	94	286	380	1182	3732
…illa de Guanabacoa, avec 2 *partidos rurales* renfermant …villages	135	328	463	136	574	710	1173	1365	2909	4274	587	1675	2262	6536	16746
…illa de S. Julian de los Guines, avec 3 *partidos rurales* …i renferment 3 villages	110	248	358	58	236	294	652	1354	6090	7444	738	3800	4538	11982	20793
…illa de S. Antonio Abad, avec 2 villages	90	156	246	64	250	314	560	476	1585	2061	262	793	1055	3116	9346
Total de la population fixe	4006	8998	13004	3416	11477	14893	27897	23615	101773	125388	15227	56800	72027	197415	408537

…ajoutant 21,000 individus des garnisons, des équipages des navires, etc., il résulte pour la population vague et fixe .... 429,537 âmes.

COMPARAISON DES DÉNOMBREMENS DE 1817 ET 1827.

	BLANCS. Hommes.	Femmes.	MULATRES ET NOIRS LIBRES. Hommes.	Femmes.	MULATRES ET NOIRS ESCLAVES. Hommes.	Femmes.	TOTAL.
…ultat de 1827	89526	75532	21235	24829	125388	72027	408537
…ultat de 1817	75982	57722	20779	20097	83169	58456	296205
Différence	13544 Augment.	17810 Augment.	456 Augment.	4732 Augment.	42219 Augment.	33571 Augment.	112332 Augment.

MOUVEMENT DE LA POPULATION EN 1827.

	BLANCS.	MULATRES LIBRES.	NOIRS LIBRES.	MULATRES ESCLAVES.	NOIRS ESCLAVES.	TOTAL.
Naissances	7254	786	1101	245	9097	18483
Mariages	1156	62	85	13	1208	2524
Décès	4044	504	1143	111	5380	11182

…l y a dans ce département de l'Ouest 32407 mariages de blancs.
2279 mulâtres libres.
3916 noirs libres.
19558 mulâtres et noirs esclaves.

N° III.

POPULATION DU DÉPARTEMENT CENTRAL DE L'ILE DE CUBA, D'APRÈS LE DÉNOMBREMENT DE 1827.

VILLES ET CANTONS RURAUX.	BLANCS. Hommes. De 1 à 15 ans.	BLANCS. Hommes. Au-delà de 15 ans.	BLANCS. Hommes. Total des hommes.	BLANCS. Femmes. De 1 à 12 ans.	BLANCS. Femmes. Au-delà de 12 ans.	BLANCS. Femmes. Total des femmes.	Total des blancs.	MULATRES LIBRES. Hommes. De 1 à 15 ans.	MULATRES LIBRES. Hommes. Au-delà de 15 ans.	MULATRES LIBRES. Hommes. Total des hommes.	MULATRES LIBRES. Femmes. De 1 à 12 ans.	MULATRES LIBRES. Femmes. Au-delà de 12 ans.	MULATRES LIBRES. Femmes. Total des femmes.	Total des mulâtres libres.	NOIRS LIBRES. Hommes. De 1 à 15 ans.	NOIRS LIBRES. Hommes. Au-delà de 15 ans.	NOIRS LIBRES. Hommes. Total des hommes.	NOIRS LIBRES. Femmes. De 1 à 12 ans.	NOIRS LIBRES. Femmes. Au-delà de 12 ans.	NOIRS LIBRES. Femmes. Total des femmes.	Total des noirs libres.	MULATRES ET NOIRS ESCLAVES. Hommes. De 1 à 15 ans.	MULATRES ET NOIRS ESCLAVES. Hommes. Au-delà de 15 ans.	MULATRES ET NOIRS ESCLAVES. Hommes. Total des hommes.	MULATRES ET NOIRS ESCLAVES. Femmes. De 1 à 12 ans.	MULATRES ET NOIRS ESCLAVES. Femmes. Au-delà de 12 ans.	MULATRES ET NOIRS ESCLAVES. Femmes. Total des femmes.	Total des mulâtres et les noirs esclaves.	TOTAL DE LA POPULATION DU DÉPARTEMENT DE L'OUEST.
La *ciudad* de Santa Maria de PUERTO PRINCIPE, avec 24 cantons ruraux renfermant 3 villages et 9 hameaux (*aldeas*)	7839	13753	21592	6695	11088	17783	39375	1114	1286	2400	1320	680	2000	4400	811	608	1419	587	505	1092	2511	904	8977	9881	204	5619	5825	15704	61990
GOUVERN. DE TRINIDAD. La *ciudad* de TRINIDAD, avec 6 *partidos rurales* renfermant 13 *aldeas*	2519	3773	6292	1905	3136	5041	11333	659	845	1504	338	815	1353	2857	570	1122	1692	385	742	1127	2819	1225	7709	8934	591	2172	2763	11697	28706
La *villa* de SANTA CLARA, avec 12 *partidos rurales* et la colonie de Santo Domingo; en tout une *villa*, 3 villages et 25 *aldeas*	5260	5941	11201	4224	5372	9596	20797	767	1151	1918	576	885	1461	3379	434	432	866	329	442	771	1637	735	2730	3465	716	1403	2119	5584	51397
La *villa* de SANTO SPIRITU, avec 15 *partidos rurales* renfermant un village et 12 *aldeas*	3283	5711	8994	3151	5095	8246	17240	755	886	1641	522	839	1361	3002	231	367	598	292	450	742	1340	646	3499	4145	552	1284	1836	5981	27563
La *villa* de San Juan de LOS REMEDIOS, avec 10 *partidos rurales* renfermant un village et 2 *aldeas*	1694	2515	4209	1010	2235	3245	7454	308	359	667	254	266	520	1187	128	347	475	102	256	358	833	299	1170	1469	199	530	729	2198	11672
Total du gouvernement de Trinidad	12756	17940	30696	10290	15838	26128	56824	2489	3241	5730	1890	2805	4695	10425	1363	2268	3631	1108	1890	2998	6629	2905	15108	18013	2058	5389	7447	25460	99338
Gouvernement de la *ciudad* et colonie Fernandina de JAGUA, avec 5 *barrios* ruraux	249	418	667	208	254	462	1129	21	49	70	16	39	55	125	•	•	•	•	•	•		52	135	187	29	85	114	301	1555
Canton rural de YAGUARAMAS, appartenant à la juridiction de la Havane, avec 2 *aldeas*	203	289	492	158	245	403	895	13	17	30	28	42	70	100	5	11	16	15	25	40	56	49	268	317	41	205	246	563	1614
Total de la population fixe	21047	32400	53447	17351	27425	44776	98223	3637	4593	8230	3234	3566	6820	15050	2179	2887	5066	1710	2420	4130	9196	3910	24488	28398	2352	11298	13650	42028	164497

En ajoutant 1675 individus des garnisons, des équipages des navires, etc., il résulte pour la population vague et fixe . . . . . 166,172 âmes.

COMPARAISON DES DÉNOMBREMENS DE 1817 ET 1827.

	BLANCS. Hommes.	BLANCS. Femmes.	MULATRES ET NOIRS LIBRES. Hommes.	MULATRES ET NOIRS LIBRES. Femmes.	MULATRES ET NOIRS ESCLAVES. Hommes.	MULATRES ET NOIRS ESCLAVES. Femmes.	TOTAL.
Résultat de 1827	53447	44776	13296	10950	28398	13650	164497
Résultat de 1817	39457	35697	11691	11675	17905	13168	129593
Différence	13990 Augment.	9079 Augment.	1605 Augment.	725 Diminution.	10493 Augment.	482 Augment.	34904 Augment.

MOUVEMENT DE LA POPULATION EN 1827.

	BLANCS.	MULATRES LIBRES.	NOIRS LIBRES.	MULATRES ESCLAVES.	NOIRS ESCLAVES.	TOTAL.
Naissances	3559	768	421	151	1092	5991
Mariages	456	44	25	20	90	635
Décès	1569	327	188	79	407	2570

POPULATION DU DÉPARTEMENT ORIENTAL DE L'ILE DE CUBA, D'APRÈS LE DÉNOMBREMENT DE 1827.

VILLES ET CANTONS RURAUX.	BLANCS.							MULATRES LIBRES.							NOIRS LIBRES.							MULATRES ET NOIRS ESCLAVES.							TOTAL DE LA POPULATION DE L'ILE DE CUBA.
	HOMMES.			FEMMES.			TOTAL des blancs.	HOMMES.			FEMMES.			TOTAL des mulâtres libres.	HOMMES.			FEMMES.			TOTAL des noirs libres.	HOMMES.			FEMMES.			TOTAL des mulâtres et des noirs esclaves.	
	De 1 à 15 ans.	Au-delà de 15 ans.	TOTAL des hommes.	De 1 à 12 ans.	Au-delà de 12 ans.	TOTAL des femmes.		De 1 à 15 ans.	Au-delà de 15 ans.	TOTAL des hommes.	De 1 à 12 ans.	Au-delà de 12 ans.	TOTAL des femmes.		De 1 à 15 ans.	Au-delà de 15 ans.	TOTAL des hommes.	De 1 à 12 ans.	Au-delà de 12 ans.	TOTAL des femmes.		De 1 à 15 ans.	Au-delà de 15 ans.	TOTAL des hommes.	De 1 à 12 ans.	Au-delà de 12 ans.	TOTAL des femmes.		
La *ciudad* de SANTIAGO DE CUBA, avec 41 cantons ruraux (*partidos rurales*) renfermant une *villa*, 3 villages et 26 *aldeas*	2687	6354	9041	2210	4425	6635	15676	2221	2123	4344	1817	3791	5608	9952	1235	1912	3147	1253	2455	3708	6855	2171	21210	23381	2632	12026	14658	38039	70522
Lieutenance (*tenencia de gobierno*) de la *villa* de BAYAMO, avec 19 *partidos rurales* renfermant 2 villages et 20 *aldeas*	3087	4019	7106	2690	3931	6621	13727	1661	2703	4364	1270	3510	4780	9144	353	782	1135	427	741	1168	2303	534	2218	2752	329	1490	1819	4571	29745
Lieutenance de la *ciudad* de HOLGUIN, avec 18 *partidos rurales* renfermant 3 *aldeas*	2487	3945	6432	2453	3297	5750	12182	601	657	1258	219	541	760	2018	241	393	634	116	194	310	944	541	1399	1940	148	497	645	2585	17729
Lieutenance de la *ciudad* de BARACOA, avec 12 *partidos rurales* renfermant 6 *aldeas*	660	381	1041	486	797	1283	2324	366	392	758	302	479	781	1539	171	241	412	143	187	330	742	255	795	1050	260	409	669	1719	6324
Lieutenance de JIGUANY, avec 4 *partidos rurales* renfermant 3 *aldeas*	893	1167	2060	689	1112	1801	3861	361	512	873	280	491	771	1644	217	289	506	324	213	537	1043	59	322	381	38	166	204	585	7135
Total de la population fixe	9814	15866	25680	8528	13562	22090	47770	5210	6387	11597	3888	8812	12700	24297	2217	3617	5834	2283	3770	6053	11887	3360	26144	29504	3407	14588	17995	47499	131453

En ajoutant 3400 individus des garnisons, des équipages des navires, etc., il résulte pour la population vague et fixe.......... 134,853 âmes.

COMPARAISON DES DÉNOMBREMENS DE 1817 ET 1827.

	BLANCS.		MULATRES ET NOIRS LIBRES.		MULATRES ET NOIRS ESCLAVES		TOTAL.
	Hommes.	Femmes.	Hommes.	Femmes.	Hommes.	Femmes.	
Résultat de 1827	25680	22090	17431	18753	29504	17995	131453
Résultat de 1817	14700	15887	26435	23400	23300	23200	126922
Différence	10980 Augment.	6203 Augment.	9004 Diminution.	4647 Diminution.	6204 Augment.	5205 Diminution.	4531 Augment.

MOUVEMENT DE LA POPULATION EN 1827.

	BLANCS.	MULATRES LIBRES.	NOIRS LIBRES.	MULATRES ESCLAVES.	NOIRS ESCLAVES.	TOTAL
Naissances	2115	1494	256	224	1918	6007
Mariages	256	138	31	6	44	475
Décès	1019	548	242	85	1019	2913

www.ingramcontent.com/pod-product-compliance
Ingram Content Group UK Ltd.
Pitfield, Milton Keynes, MK11 3LW, UK
UKHW021200220726
13924UKWH00003B/1229